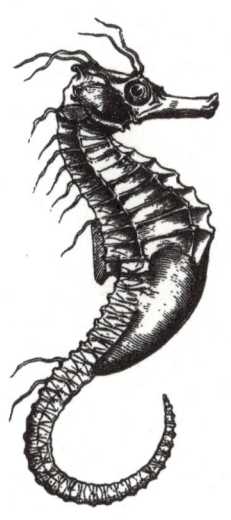

A la vanguardia de nuestro camino
hacia el cambio se halla la poesía,
que nos muestra la posibilidad hecha realidad.
AUDRE LORDE
Trad. Gloria Fortún

No hay calle, ni reliquia,
ni ciudad, ni símbolo. Tengo que inventarlo todo.
JUAN GALLEGO BENOT

Me gusta concebir la poesía, y la poética, como un espacio de indagación y de creación de realidades posibles. Me atrae la poesía que consigue ser «una destilación reveladora de la existencia» (Audre Lorde). No es una contradicción, creo. De otro lado, en paralelo, las sexualidades siempre son un campo de experimentación, performativas, plásticas, polimorfas. No obstante, las llamadas identidades sexuales queer están estigmatizadas como manifestaciones sexuales heréticas, bastardas, perversas, abyectas. Se han visto abocadas a los márgenes, privadas de reconocimiento, de respeto y de derechos. ¿Por qué? ¿Cómo podemos contribuir a cambiar, a redefinir, a contrarrestar la violencia que infligen estas jerarquías sociales y políticas? ¿Qué puedo hacer yo? ¿Una antología de poesía griega queer traducida? Ese fue el encargo que me hizo en 2022 Ángelo Néstore para la editorial Letraversal: una antología bilingüe de poesía griega queer consistente en diez poemas de diez poetas (un poema por poeta). Esta antología es, por tanto, un proyecto compartido que nace de una iniciativa editorial y se concreta en un proceso de selección y traducción de poemas que aspira a materializar un trocito de utopía queer. Sí, es otra manera de hacer activismo por los derechos humanos. Poesía griega. Sexualidades queer. Traducción.

¿Y cómo se elabora una antología de poesía griega queer? ¿Por dónde empezar *a inventarlo todo*? ¿Cuál es la metodología adecuada? A medida que avanzas a tientas, en medio del desconocimiento, comprendes que es fundamental para orientarse afinar el criterio de búsqueda, bosquejar un intento de definición. Sin embargo, lo primero que queda patente cuando te acercas a definiciones de lo queer es que la única definición posible es la indefinición de un concepto que fluye y que cuestiona cualquier categoría fija en materia de identidad o comportamiento sexual. ¿Qué entiendo, pues, por poesía queer? Pese a la relativa novedad —¿moda?— del concepto queer aplicado a la escritura literaria y a su traducción, desde los años noventa existe una trayectoria académica, una problemática, un bagaje de actividades, un acervo bibliográfico sobre lo queer. Este escueto prefacio no es el marco adecuado para abordar cuestiones teóricas siempre controvertidas y fascinantes. Lo que sí considero significativo es citar algunas de las fuentes y lecturas que más han contribuido a formar mi propia opinión, mis criterios como antóloga y traductora. Teresa de Lauretis, Audre Lorde, bell hooks, José Esteban Muñoz, Meg-John Barker y Julia Scheele, Paul B. Preciado, Ángelo Néstore, Barbara Roussou, Giota Tempridou.

En el variopinto panorama de la poesía griega actual esta amalgama de enfoques e ideas me ha servido como instrumento hermenéutico para la búsqueda de poemas en los que las manifestaciones del deseo fueran tan rotundas como esquivas a las definiciones convencionales (binarias, androcéntricas, normativistas). Me han interesado poemas en los que las expectativas del género de los cuerpos y las identidades sexuales marcadas por estereotipos sociales tradicionales jugaban deliberadamente al desconcierto. He seleccionado poemas que denuncian las múltiples maneras con las que el sistema hegemónico de valores sexuales ejerce todo tipo de violencia sobre cuerpos y deseos tachados de descarriados. En suma, he seleccionado poemas que, movidos por el feminismo, la igualdad y la justicia social, contribuyen a poner de manifiesto realidades censuradas o tergiversadas y, al hacerlo, nos ayudan a vislumbrar un mundo en el que la diversidad sexual y erótica se viva en plenitud, por derecho, porque eso sea lo deseable individual y colectivamente.

En esta antología hay poemas que tienen naturaleza de testimonio, que dan cuenta de la violencia familiar y social que se ejerce sobre las personas queer: «Omonia» de Paola Revenioti, «La Ceódoros Colocotronis» de Glikeria Basdeki, «Moral isleña» de Nikolas Koutsodontis, «Esta obra: frases de una matria / dijo» de Vasilis Amanatidis, «Temor» de George Le Nonce y «Esto no son sombrillas de colores» de Electra Lazar. Subrayo que estos poemas no son solo constataciones de la violencia de género, son fundamentalmente ejemplos del poder transformador de la reafirmación individual. Otros poemas celebran la experiencia del deseo queer, como en «Aprendizas de peluquería en Lesbos» de Glikeria Basdeki, *«Con tu cuerpo pasa como con los libros»* de Miranda Terzopoulou y «III. *El amor tiene un ...*» de Krystalli

Glyniadaki. Están presentes el deseo y la experiencia trans en los poemas breves de Evá Papadakis, así como el ejercicio de la prostitución de mujeres trans en «Omonia» de Revenioti. En «La canción de Androniki y Andrianí», su autor, Marios Chatziprokopiou, recurre a temas y a la métrica de la poesía tradicional grecochipriota, con un doble objetivo: por un lado, subvertir, transgredir y parodiar los estereotipos sexuales consagrados por la poesía tradicional y, por otro, reivindicar una tradición queer silenciada, censurada, maldita. Los poemas, extraídos de sus respectivos poemarios publicados entre 1985 y 2024 en nueve editoriales diferentes —Antipodes, Bibliothèque, Mov Skiouros, Nefelis, Odos Panos / Sigareta, Patakis, Polis, Stigmos y Thraca—, han sido trasladados al español y reubicados en otro artefacto editorial, esta antología, con un orden que responde al deseo de propiciar un diálogo inédito entre los poemas y las poéticas seleccionadas. He intentado componer una antología transgeneracional y multisexual —cinco nombres femeninos, cuatro masculinos y uno de persona no binaria—; una antología plural en todos los sentidos, tanto en la expresión de identidades y experiencias sexuales, como en escrituras poéticas. Se han antologado poemas en prosa, con metro tradicional (verso decapentasílabo), con diálogos dramáticos, con juegos ortotipográficos, con el sistema politónico[1]. No me ha movido tanto un afán de representatividad como el interés en transferir motivos, experiencias y escrituras que contribuyan a dar cuenta de la diversidad y riqueza de lo queer en la poesía actual griega[2].

Respecto al proceso de traducción, a la complejidad intrínseca de la traducción de poesía habría que añadir el desafío específico de la traducción de escritura queer, que en estos poemas implica cuestiones de género gramatical, oralidad, métrica tradicional, opciones léxicas, escritura experimental. Agradezco la atenta lectura de la traducción y las valiosas sugerencias de Ifiyenia Dumi, Vicente Fernández González, Leandro García Ramírez, Rafael Herrera Montero, Ioanna Nicolaidou, Konstantinos Paleologos y Laura Salas Rodríguez. Sin su contribución no habría sido posible llegar hasta aquí.

Hemos decidido incluir como epílogo un poema de la poeta María Lainá a modo de homenaje *in memoriam*. Su muerte ocurrida el 27 de diciembre de 2023 nos sorprendió mientras gestábamos esta antología. Sus versos, testimonio de una vida insolente e insólita, no podían faltar.

Concluyo este prefacio como lo comencé, esto es, citando a Audre Lorde: la política es una cosa seria, sí, pero la poesía lo es aún más, porque será a través de la poesía como podremos decir quiénes somos y quiénes podemos llegar a ser. Nuestras diferencias, articuladas o no, son nuestra gran oportunidad para construir un mundo más justo, más amable, más libre. Y la poesía queer está al servicio de esa revolución.

La ilustración incluida en el interior de la antología es obra de Konstantinos Alexandris / Dear Quentin, diseñador gráfico y DJ transformer. Vive en Atenas.

MARÍA LÓPEZ VILLALBA

**I WAS AND I WILL
ALWAYS BE**

*   En las «Notas», al final de la antología, se ofrece información acerca de las obras de procedencia de los poemas seleccionados.

1   Sistema de acentuación de la legua griega que se caracteriza por el empleo de varios acentos —grave, agudo y circunflejo—, así como de espíritus ásperos y suaves. Sus inicios datan de la época helenística, siglo III a. C., y es el sistema en el que se escribe la lengua griega antigua, bizantina y cazarévusa. Desde 1982 el sistema de acentuación vigente en griego moderno es el monotónico (con un único acento agudo). No obstante, en la actualidad hay editoriales, revistas y escritors que mantienen el sistema politónico de escritura.

2   Una amplia muestra de poesía griega queer actual se recoge la antología *Ανθολογία ελληνικής κουήρ ποίησης* publicada por la editorial Thraca y la Fundación Rosa Luxemburg (Atenas) en 2023. Disponible gratuitamente en https://rosalux.gr/wp-content/uploads/2023/05/POETRY_FINAL_web2.pdf.

Nota de la traductora

En esta antología se ha seguido un doble criterio para la transcripción del griego. Por una parte, la transcripción de los nombres propios de poetas y editoriales responde a las formas empleadas en redes sociales, sitios web y documentos oficiales. Esta modalidad de transcripción consiste esencialmente en una transliteración —no siempre rigurosa— de los caracteres del alfabeto griego al latino basada en la norma europea ELOT 743 (equivalente a la norma ISO 843). Por otra, se han transcrito otros nombres, propios y comunes, siguiendo en lo fundamental las normas de transcripción del griego moderno al español establecidas por Pedro Bádenas de la Peña en 1984 (*Revista española de lingüística* 18-2, 271-289).

Paola Revenioti

Πάολα
Ρεβενιώτη

El Pireo (1958)

Editora, fotógrafa, cineasta y activista.
Ha publicado el poemario Σαλτάρισμα
[Arrebato] (Sigareta, 1985). Vive en
Atenas.

Ομόνοια

Ομόνοια το βράδυ
ο αέρας μυρίζει υποκρισία και πανικό
ο αέρας βρωμάει συλλήψεις και διαπόμπευση
η κάμερα της ασφάλειας σε στοχεύει
σημαδεύει τις αισθήσεις σου
σε παραπέμπει στα μπουντρούμια του 4[ου]
όπου φωλιάζει η ηθική και η τάξη
Οι κυλιόμενες τη μέρα
ανεβοκατεβάζουν την αδιαφορία
τη νύχτα νεκρές
Εμείς περιφερόμαστε ανάμεσα στ' απόβλητά σας
που είναι έτοιμα να εκπορνεύσουν το μύθο τους
για ένα χιλιάρικο
Περιφερόμαστε και περιμένουμε
για ένα νεκρό γαμήσι κερδισμένο με μάχη
που ίσως μας κρατήσει γι' απόψε
Η Ομόνοια δεν έχει όνειρα
Εφιάλτες έχει κι ανθρώπους
που φτύνουν ανθρώπους
έτσι για τον αντρισμό
που τον πουλάνε με φτηνά προσχήματα
κι ακριβές επιπτώσεις

Ξημέρωμα
Οι εργάτες πάνε για θάψιμο
στα εργοστάσια

Plaza de Omonia[1]

Omonia de noche
el aire huele a hipocresía y a pánico
el aire apesta a detenciones y escarnio
la cámara de seguridad te encañona
apunta a tus sentidos
te traslada a los calabozos de la 4ª
donde anidan la moral y el orden
Las escaleras mecánicas de día
suben y bajan la indiferencia
de noche muertas
Nosotras deambulamos entre vuestros despojos
dispuestos a prostituir su mito
por mil dracmas
Deambulamos a la espera
de un polvo muerto —conseguido a pulso—
que podría salvarnos la noche
Omonia no tiene sueños
Tiene pesadillas y gente
que escupe a la gente
por pura hombría
la misma que venden con excusas baratas
y tan caras consecuencias

Amanece
Los obreros van a enterrarse
en las fábricas

POESÍA *QUEER* TRADUCIDA GRIEGO —15—

1   Omonia [Ομόνοια], 'concordia' en griego, es una de las plazas
centrales de Atenas. La mención en el poema de los calabozos de la 4ª, hace
referencia a la comisaría tristemente célebre —por innumerables denuncias de
violencia policial, abusos y torturas— situada en los alrededores de Omonia.

Marios Chatziprokopiou
Μάριος
Χατζηπροκοπίου

Salónica (1981)

Profesor en la Universidad de Volos,
performer, traductor del portugués
(Clarice Lispector), poeta. Ha publicado
el poemario *Τοπικοί Τροπικοί*
[Trópicos locales] (Antipodes, 2019).
Vive en Atenas.

Τεκμήριο V
Της Αντρονίκης και της Αντριανής[1]

Ο Γιάννος ο Πλανόγιαννος, ο Μωροπλανεμένος
Ο Γιάννος ο Μονόγιαννος, ο Διπλοπαντρεμένος
την Αντρονίκη το πρωί, την Αντριανή το βράδυ
τρεις πα᾽ στην κλίνη σέρνονταν, στους στάβλους τρεις
                                               [κυλιούνταν.
Κουρφά τ᾽ απομεσήμερο, σαν γύρει απ᾽ τα χωράφια
κουρφά τ᾽ απομεσήμερο τις κούρβες ασημώνει.

Η Αντρονίκη δε νογά κι η Αντριανή δεν ξέρει
τρεις πάγαιναν στην εκκλησιά, τρεις στο τραπέζι ετρώγαν
ώσπου μια Κυριακή πρωί, μια πίσημον ημέρα
της κούρβας τις δαγκωματιές στα δυο μεριά μαντεύγουν
τον Γιάννο αφήνουν νηστικό, τον διώχνουν απ᾽ το
                                               [στρώμα.

Δυο μήνες παρακάλαγε, γυναίκες δεν λυπούνταν
δυο μήνες τις φοβέριζε, γυναίκες δεν φοβούνταν
τον τρίτο απλώνει τη γροθιά, γυναίκες το μαχαίρι
σφιχτά σφιχτά τον δέσανε, κολόνα του σπιτιού τους
ομπρός του φιληθήκανε, ομπρός του αγαπηθήκαν
ψιλό ψιλό τον λιάνισαν, μες στην αυλή τον θάβουν.

Γαρουφαλιά-ν-εφύτρωσε, ποτίζουν βράδυ βράδυ
Αθοβολάει η γαρουφαλιά, αθοβολάει η αγάπη.

1   Este poema de *Τοπικοί Τροπικοί* (Antipodes, 2019. 66) está escrito —como todos los que componen el poemario— en el metro propio de la poesía tradicional grecochipriota, esto es, el verso decapentasílabo (de quince sílabas). Agradezco las sugerencias de traducción del autor del poema.

Documento V
Canción de Androniki y Andrianí

Yanos el gran burlador, Yanos el gran burlado
Yanos el buen mancebo, Yanos el recasado
Androniki de alborada, Andrianí de anochecida
tres en el lecho yacían, en los establos tres se revolcaban.
A escondidas por la tarde, al volver él de los campos
a escondidas por la tarde a las putas paga en plata.

Androniki no sospecha y Andrianí no sabe nada
tres a la iglesia iban, en la mesa tres yantaban
hasta que un domingo al alba, un día muy señalado
en los muslos adivinan los mordiscos de la puta
dejan a Yanos en ayunas, fuera lo echan de la cama.

Dos meses él rogando, las mujeres pena no sienten
dos meses él asustando, las mujeres miedo no tienen
al tercero levanta el puño, las mujeres el puñal
fuerte fuerte lo amarran, es el pilar de su casa
delante de él se besaron, delante de él se amaron
lo pican bien picadito y lo entierran en el patio.

Nació allí un clavel, lo riegan noche a noche
el clavel va floreciendo, floreciendo va el amor.

Glikeria Basdeki

Γλυκερία
Μπασδέκη

Lárisa (1969)

Profesora de secundaria, dramaturga y poeta. Su poemario más reciente se titula *Αν είχαμε παντρευτεί, θα γεννούσαμε τον Κωστή Παλαμά* [Si nos hubiéramos casado, habríamos parido a Costís Palamás] (Tilegrafos, 2024). Vive en Lárisa.

Η Θεόδωρος Κολοκοτρώνης

δεν της πολυμιλούσαν
την κορόιδευαν
ήταν μιας άλλης ομορφιάς
μουστακαλού

έφτυνε κλέφτικα κι αυτή
—λάμπανε χιόνια στα σχολειά εξαίφνης

Ασκούμενες κομμώτριες στη Λέσβο

δε διάβασαν
ποτέ
Σαπφώ

γυμνάσιο με το
ζόρι — μετά
κομμωτική και μανικιούρ

για δες τες, όμως

έτσι καθώς
στεγνώνουνε μαλλιά
μαζί
και στάζουν σάλια
φτυστή Γογγύλα μες το γάλα η μια
κι η άλλη σα Σαπφώ με πιστολάκι

La Ceódoros Colocotronis[1]

no le hablaban mucho
se burlaban de ella
era de una belleza diferente
bigotuda

escupía como una bandolera
—brillaba nieve de pronto en la escuela—

Aprendizas de peluquería en Lesbos

no han leído
nunca
a Safo

la secundaria a la
fuerza —luego
peluquería y manicura—

pero míralas ahora

mientras
secan el pelo
juntas
y se les cae la baba
una es clavada a Gónguila vestida de leche[2]
y la otra como una Safo con secador

1   Ceódoros Colocotronis [Θεόδωρος Κολοκοτρώνης], nacido en Mesenia en 1770 y muerto en Atenas 1847, es un héroe nacional de la Revolución griega y el general más célebre de la Guerra de la Independencia (1821-1829) contra el Imperio otomano. En sus inicios revolucionarios fue el cabecilla de un ejército irregular en el Peloponeso; esta condición de bandolero y su famoso bigote se recrean en el poema.

2   Referencia a un poema atribuido a Safo en el que Gónguila lleva una túnica blanca como la leche.

Nikolas Koutsodontis
Νικόλας
Κουτσοδόντης

Atenas (1987)

Poeta y activista. Ha publicado tres poemarios: *Η Χαλκομανία* [Calcomanía] (Endipis, 2017), *Μόνο κανέναν μη μου φέρεις σπίτι* [Pero no me traigas a ninguno a casa] (Thraca, 2021) y *Ίσως φύγεις στο εξωτερικό* [Puede que te vayas al extranjero] (Thraca, 2024). Fue el principal promotor de la primera antología de poesía griega queer (Thraca y Fundación Rosa Luxemburg, 2023). Vive en Salónica.

Νησιώτικη ηθική

Αμέριμνα νησιά. Ήταν του καραβιού η άπαρση προλάβαν το παιδί και είχε στη σχολική του τσάντα αγνώστου προορισμού εισιτήριο. Προς άλλο νησί προς την ηπειρωτική Ελλάδα —μακριά από δω— το αποκληρωμένο το που δε θα παντρευτεί δε θα προσφέρει τσιρίδες δυνατές στο σπίτι προς χαράν των παππούδων. Η μάνα καραμούζα ούρλιαζε *φέρτε τον γυρίστε τον μου πίσω* και να η πεθερά που θα 'χε καταγγείλει στις αρχές έστω κι ένα βιαστικό χαστούκι και να η αποθαλασσιά στων αδελφών του τα δωμάτια. Είχε πει κάλλιο στο βένθος των νερών να τον δει *παρά πολλών γενιών λογιστών τ' όνομα να λερώσει*. Εκεί στη σκουριασμένη δέστρα κάθισε τον κώλο του εκεί τον βρήκε ο πατέρας χίλιες υποσχέσεις για παράβλεψη. *Έλα γύρνα στα τυροπιτάκια της μαμάς. Δε θα σε κρίνω μόνο κανέναν μη μου φέρεις σπίτι και μόνος να θυμάσαι θα πεθάνεις.*

Moral isleña

Islas impasibles. Estaba por zarpar el barco alcanzaron al niño y tenía en la cartera pasaje a un destino desconocido. Hacia otra isla hacia la Grecia continental —lejos de aquí— el desheredado el que no se casará no traerá berridos a casa para contento de los abuelos. La madre una cornamusa aullaba *traedlo traédmelo de vuelta* y ahí estaba la suegra que habría denunciado a las autoridades hasta una simple bofetada y ahí estaba el mar de fondo en las habitaciones de sus hermanos. Había dicho mejor verlo en el cieno de los mares a que manche el nombre de tantas generaciones de contables. Allí en el noray oxidado puso el culo allí lo encontró el padre mil promesas de pasarlo por alto. *Venga, vuelve a las tirópitas de mamá. No voy a juzgarte pero no me traigas a ninguno a casa y acuérdate vas a morirte solo.*

Vasilis Amanatidis
Βασίλης
Αμανατίδης

Édesa (1970)

Traductor, novelista, investigador, performer, dramaturgo y poeta. A la publicación de su primer poemario en 1999 *Υπνωτήριο. Εννιά νυχτικές παραβολές* [Dormitorio. Nueve parábolas nocturnas] (Endefctirio), han seguido nueve más entre los que destacan: *7: ποίηση για video games* [7: poesía para videojuegos] (Nefeli, 2011); *μ_otherpoem: μόνο λόγος* [m_otherpoem: mono logos] (Nefeli, 2014); *εσύ: τα στοιχεία* [tú: los datos] (Nefeli, 2017), galardonado con el Premio de Poesía de la Fundación Uranis de la Academia de Atenas y candidato al Premio Nacional de Poesía. Vive en Salónica.

Το έργο αυτό: φράσεις μίας μητέρας χώρας

είπε

«Εγώ θα είμαι πάντα εδώ για σένα, εγώ».
«Εάν δεν θέλεις να διαβάσεις, να πας να γίνεις βοσκός!»
«Αλίμονο αν αφεθώ να βοηθηθώ από εσάς – σώθηκα!».
«Τα παιδιά πηγαίνουν στους γονείς, όχι οι γονείς στα
[παιδιά».
«Αχ, γιατί, αγόρι μου; Τουλάχιστον να προσέχεις. Και
[μην το μάθει η γειτονιά».
«Όχι, δεν θέλω δώρο. Δεν έπρεπε. Να σου δώσω τα χρή-
[ματα;»
«Όλοι μάς εκμεταλλεύονται».
«Εγώ τους αγαπώ τους ανθρώπους».
«Ναι, εγώ ρυθμίζω, εγώ φροντίζω εδώ».
«Εσείς να φροντιστείτε μόνοι σας όταν εγώ πια δεν θα
[ζω».
«Τι μου ζητάς την άδεια να τα γράψεις; Εδώ ο κόσμος το
['χει τούμπανο».
«Ε, κάτι είναι κι αυτό».
«Πάνε σκίσ' τους, φα' τους!»
«Γιατί με ισοπεδώνεις;»
«Είσαι καταπληκτικός».
«Εμείς δεν κάνουμε ποτέ διακρίσεις στα παιδιά μας».
«Ναι, μα θα μπορέσεις; Ω, μα και βέβαια μπορείς.
[Μπορείς».
«Είναι υπέροχο αυτό που έφτιαξες. Με κατατρόπωσες,
[με έχεις κάνει σκόνη».
«Με έχεις κάνει να τραυλίζω».
«Με έχεις βουβάνει, είσαι δικτάτορας».
«Είσαι μέγας, μέγιστος».

Esta obra: frases de una matria

dijo

«Yo siempre estaré aquí para ti, yo».

«Si no quieres estudiar, hazte pastor».

«Anda que voy yo aviada si me pongo a esperar vuestra
                                          [ayuda».

«Los hijos van a los padres, no los padres a los hijos».

«Ay, ¿por qué, hijo mío? Ándate con ojo al menos. Y que
                              [no se enteren en el barrio».

«No, no quiero un regalo. No hacía falta. ¿Te doy
                                          [el dinero?».

«Todos se aprovechan de nosotros».

«A mí la gente me encanta».

«Sí, yo dispongo aquí, yo me ocupo de todo».

«Cuando yo falte, ya os cuidaréis vosotros solitos».

«¿Por qué me pides permiso para escribirlo? Aquí ya anda
                                          [en boca de todos».

«Bueno, algo es algo».

«¡Venga, acaba con ellos, destrózalos!».

«¿Por qué me pisoteas?».

«Eres maravilloso».

«Nunca hacemos distinciones entre nuestros hijos».

«Sí, ¿pero vas a poder? Ah, pues claro que puedes. Tú
                                          [puedes».

«Es magnífico lo que has hecho. Me has destrozado,
                              [me has hecho polvo».

«Me has hecho tartamudear».

«No me has dejado hablar, eres un dictador».

«Eres grande, el más grande».

«Τι να κάνουμε; Παιδί μας είσαι».

«Μήπως φταίνε τα υπόθετα που σου έβαζα όταν ήσουνα
[μικρός;»

«Τι έγραψες πάλι; Με εκπλήσσεις».

«Ό,τι ξέρουν τα παιδιά το ξέρει και η μαμά».

«Εμείς οι δυο είμαστε ίδιοι».

«Ο αδερφός σου μοιάζει με τον πατέρα σου».

«Ό,τι θέλατε το είχατε, για σας τα κάναμε όλα».

«Δεν σε καταλαβαίνω».

«Θα μπορούσαμε να μη σ' έχουμε κρατήσει».

«Ευτυχώς σε κρατήσαμε».

«Άδαρτος κλαις».

«¿Qué le vamos a hacer? Eres hijo nuestro».

«¿Será por los supositorios que te ponía de pequeño?».

«¿Qué has escrito ahora? Me dejas pasmada».

«Lo que saben los hijos lo sabe la madre».

«Tú y yo somos iguales».

«Tu hermano se parece a tu padre».

«Teníais todo lo que queríais, lo hicimos todo por
                                        [vosotros».

«No te entiendo».

«Podríamos no haberte tenido».

«Menos mal que te tuvimos».

«Lloras por llorar».

George Le Nonce

Atenas (1967)

Poeta y traductor. Ha publicado cuatro
poemarios: Ὁ Ἐμονίδης [Emonidis]
(Micrí Arctos, 2013); Νεκρὴ Φύση
[Naturaleza muerta] (Bibliothèque,
2016), Ἔλεος [Piedad] (Bibliothèque,
2018) y Μαντείο [Oráculo] (Agra,
2024). Vive en Atenas.

Τρόμος[1]

Φιλῆστε με, φιλῆστε με μὲ πάθος!

Τὸ σάπιο στόμα μου
μὴ σᾶς τρομάζει, τὸ γέμισαν
βαμβάκι μυρωμένο.

Ἔρχονται οἱ μητέρες, ὅλες γρηὲς κυρτὲς
ἀποστεωμένες, μιὰ μακριὰ σειρὰ μητέρες
ντροπιασμένες, σέρνουν τοὺς γιούς τους
μὲ ἁλυσίδα περασμένη στὸν λαιμό, οἱ γιοὶ
μὲ σκυφτὴ περηφάνεια ἀκολουθοῦν,
οἱ Γιώργηδες, ὅλοι ἁλυσοδεμένοι
μὲ αἵματα, μὲ τραύματα, μὲ χαίνουσες πληγὲς
μὲ ἕλκη νὰ κατατρῶν τὰ εὐσταλῆ τους σώματα
ἡττημένοι, τ᾽ ἄλογά τους βορὰ τοῦ δράκου,
τὰ ξίφη τους σπασμένα, οἱ πανοπλίες διαλυμένες,
καὶ ἡ ξηρασία νὰ ἁπλώνεται στὴ χώρα.

Οἱ μητέρες τοὺς ἀποθέτουν στὰ πόδια μου
ἄλαλους, γυμνούς, αἱμάσσοντες
καὶ βακχευμένες ὠρύονται
καλύτερα νὰ μὴ σὲ εἶχα γεννήσει
νὰ ξέσκιζες μὲ τὰ νύχια σου τὴ μήτρα μου
κι οἱ δυὸ νὰ σκοτωνόμασταν ὅσο ἦταν καιρός,
παρὰ ἐτούτη ἡ μαύρη μοίρα.

POESÍA QUEER TRADUCIDA GRIEGO — 34 —

---

[1]   El poema está escrito en griego moderno con el sistema politónico.

Temor

¡Besadme, besadme con pasión!

Mi boca podrida
no temáis, la llenaron
de algodón perfumado.

Vienen las madres, todas viejas corvas
escuálidas, una larga fila de madres
avergonzadas, arrastrando a sus hijos
con una cadena al cuello, los hijos
con el orgullo doblegado las siguen,
todos Jorges encadenados
con sangre, con heridas, con llagas abiertas
con úlceras devorando sus cuerpos fornidos
derrotados, sus caballos carnaza para el dragón,
sus espadas rotas, las armaduras destrozadas,
y la sequía extendiéndose por el país.

Las madres los colocan a mis pies
callados, desnudos, sangrando
y enajenadas cual bacantes aúllan
preferiría no haberte parido
que me hubieras desgarrado con tus uñas la matriz
que nos hubiéramos matado los dos a tiempo,
en vez de este negro destino.

Φιλῆστε με ὅλοι
οἱ πτοημένοι.

 Δὲν εἶμαι
ὁμίχλη, καπνός, σκόνη πιά,

ἔγινα σῶμα ἀνθρώπινο –
στεγνὸ σῶμα

ἀλλὰ ἀνθρώπινο, μὲ ἐπιθυμίες
καὶ αἰσθήσεις.

Γιώργηδες ὄχι ἅγιοι, Γιώργηδες
τῆς κολάσεως.

Besadme todos
los reprimidos.

No soy ya
niebla, humo, polvo,

soy un cuerpo humano,
un cuerpo seco

pero humano, con deseos
y emociones.

Jorges santos no, Jorges
del infierno.

Electra Lazar

Ηλέκτρα
Λαζάρ

Atenas (1989)

Antropóloga, investigadora, docente y poeta. Su primer poemario *Άγια Νήπια* [Santos Inocentes] (Áparsi, 2019) fue galardonado con el Premio Nacional a la mejor autora novel 2020. Ha publicado dos ensayos: *Μα φυσικά και νοιάζομαι! Το κρατικό gaslight και η οπισθοχώρηση της προσωπικότητας* [¡Claro que me importa! Luz de gas estatal y el retroceso de la personalidad] (Rabbit Hole, 2022) y *Λύκε, λύκε, είσαι εγώ*; [Lobo, lobo, ¿eres yo?] (Kianavyí, 2023). Vive en Atenas.

Εδώ δεν είναι πάρτι παρασόλ

Ώρα να κλείνουμε τα κάγκελα όνειρά μας
με τη λογική να μην μας έρθει ούτε απόψε
σαν μια queer αριθμητική
η σκοτεινάγρα
Ο Γιώργος αυτοκτόνησε τον Γιώργο
Σου 'χω και πιο κοινό
Η Ελένη αυτοκτόνησε την Ελένη
Σου 'χω και πιο κοινό
Η Άλεξ αυτοκτόνησε την Άλεξ
Σου 'χω και πιο κοινό
Ο ξάδερφος αυτοκτόνησε τον ξάδερφο
Σου 'χω και πιο κοινό
(τη νύχτα όλοι δυνάμενοι και εμπρός)
(τη μέρα μέρα φέρουσα εικόνα νωτιαία)
Ο Ντίνος αυτοκτόνησε τον Ντίνο
Σου 'χω και πιο κοινό
Ο Παύλος αυτοκτόνησε τον παύλο
Σου 'χω και πιο κοινό
Η μαρία όλες τις μαρίες της αυτοκτόνησε με ένα
                                    [σημείωμα

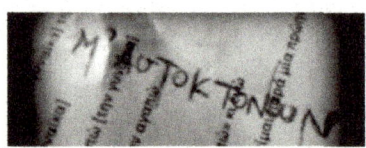

Και πιο κοινό και πιο κοινό
εγώ αυτοκτόνησα εμένα
Τίποτα στον κόσμο πιο κοινό

Esto no son sombrillas de colores

Hora de cerrar la cancela de nuestros sueños
con la idea de que tampoco esta noche nos alcance
como una aritmética queer
la negrura
Yorgos suicidó a Yorgos
Más corriente todavía
Eleni suicidó a Eleni
Más corriente todavía
Álex suicidó a Álex
Más corriente todavía
El primo suicidó al primo
Más corriente todavía
(de noche todos capaces y adelante)
(de día cada día llevando la imagen a espaldas)
Dinos suicidó a Dinos
Más corriente todavía
Pablo suicidó a pablo
Más corriente todavía
maría a todas sus marías suicidó con una nota

 * ME SUICIDAN

Más corriente todavía más todavía
yo me suicidé a mí misma
Nada en el mundo más corriente

Η χάρις Η σύνθια
Τίποτα πιο ελληνικό
Εκείνη
Τίποτα πιο ελληνικό
Αφέθηκαν κι άλαλες εκεί
Τίποτα στην ποίηση πιο δελεαστικό

jaris cynthia
Nada más griego
Ella
Nada más griego
Abandonadas allí sin voz
Nada más tentador en poesía

Miranda Terzopoulou
Μιράντα
Τερζοπούλου

Investigadora del Centro de Estudios
del Folclore Griego de la Academia de
Atenas, ensayista y poeta. Ha publicado
el poemario *Ομοερωτικά, σαν τα
άλλα ερωτικά* [Homoeróticas, como
las demás eróticas] (Mov Skiouros,
2024). Entre su obra ensayística destaca
Ρόπτρα [Aldabas], álbum de fotografía
y textos, junto a Platón Tsulos, (Olcós,
2002). Vive en Atenas.

Με το κορμάκι σου γίνεται όπως με τα βιβλία.
Μια λέξη, μια εικόνα, μια άγνωστη πτυχή, με ηλεκτρίζουν
μια παράλληλη ιστορία γεννιέται στο μυαλό μου
που την ακουμπούν οι αισθήσεις μου.
Προχωρώ ψηλαφητά
πιο βαθιά
όλο πιο βαθιά
να ξετρυπώσω το κοριτσάκι
να ερεθίσω το αγοράκι που κρύβεται στη σκοτεινή
                                                    [σπηλιά
να τα πλανέψω
να τα αποπλανήσω για σένα.
Αφιέρωση σ' ένα υγρό βιβλίο.

Con tu cuerpo pasa como con los libros.
Una palabra, una imagen, un rasgo inédito me electrizan
una historia paralela nace en mi mente
en la que se acomodan mis sentidos.
Avanzo a tientas
más profundo
más y más profundo
para hacer salir a la niña
para incitar al niño oculto en la cueva oscura
para engatusarlos
para seducirlas para ti.
Dedicatoria en un libro húmedo.

Evá
Papadakis
Ευά
Παπαδάκης

Creta

Poeta y performer, trabaja para la ONU
en Salónica. Ha publicado el poemario
μερακλίνα / κουκιμπιμπέρισσα /
ομπλαντί [gallarda / desgraciadita /
obladí] (Stigmos, 2021).

///υστερόγραφο δύο///

για αυτούς ετοίμαζα τη ζωή μου
για τους γιατρούς για τα οιστρογόνα
για τα ενέσιμα τα αναπνεύσιμα
τα χειροπιαστά

///καθρεφτάκι///

το πρόσωπο στον καθρέφτη το ξέρω
αλλά δεν ξέρω το όνομα του
ένα όνομα που δεν είναι θηλυκό
δεν μπορεί να είναι το όνομά του

///tras///

ποιο άλλο
στρας πιο trans
από τη μια στην
άλλη όχθη ποιο άλλο η
ζωή μου όλοι τράν
ζιτ

///**posdata dos**///

para ellos he preparado mi vida
para los médicos los estrógenos
para lo inyectable lo inhalable
lo tangible

///**espejito**///

Ese rostro en el espejo lo conozco
pero no conozco su nombre
un nombre que no sea femenino
no puede ser su nombre

///**traς**///

qué más
strass más τραnς
que de una orilla a la
otra qué más mi
vida todo τrάn
sito

Krystalli Glyniadaki
Κρυστάλλη Γλυνιαδάκη

Atenas (1979)

Traductora del noruego y poeta. Hasta la fecha ha publicado cuatro poemarios: *Λονδίνο-Ισταν μπούλ* [Londres-Estambul] (Polis, 2009); *Αστικά ερείπια (και αντιπερισπασμοί)* [Ruinas urbanas (y distracciones)] (Polis, 2013); *Η επιστροφή των νεκρών* [El regreso de los muertos] (Polis, 2017), galardonado con el Premio Nacional de Poesía 2018; y *Ημέρες καλοσύνης* [Días de bondad], (Polis, 2023). Vive en Atenas.

III

Η αγάπη έχει έναν θρίαμβο κι ο θάνατος έναν κρότο
ο χρόνος κι ο χρόνος μετά —
Εμείς δεν έχουμε κανέναν

Μόνο το βύθισμα των άστρων γύρω μας. Λυκαυγές και σιωπή.
Κι όμως το τραγούδι πάνω από τη στάχτη μας
θα επιζήσει.

Η αγάπη έχει έναν θόρυβο
κι ο θάνατος κρότο κούφιο
σαν έκρηξη στο λυκαυγές
το θόλωμα τ' ουρανού πάνω από τις γλυσίνες
στις πράσινες πλαγιές
το τραγούδι θα επιζήσει
όσο κυλάνε τα καράβια
στο νερό του παγονιού

Ξέρω πώς είναι το Κακό
Ξέρω πώς είναι το Κακό

Και σκέφτομαι

σκέφτομαι

σκέφτομαι

III

El amor tiene un triunfo y la muerte tiene el suyo,
el tiempo y el tiempo más tarde.
Nosotros no tenemos ninguno.

Alrededor nuestro se hunden las estrellas. Destellos y silencio.
Mas la canción que se alza sobre el polvo más tarde
nos superará.[1]

El amor tiene un ruido
y la muerte tiene el suyo, sordo
como una explosión entre destellos
el cielo opaco sobre las glicinias
en las verdes laderas
nos superará la canción
mientras surquen los barcos
el agua del pavo real

Sé cómo es el Mal
Sé cómo es el Mal

Y pienso

       pienso

        pienso

---

[1]   Versos del poema «Cantos durante la huida xv» de Ingeborg Ba-
chmann, del poemario *Invocación a la Osa Mayor*, en versión de Cecilia
Dreymüller, contenido en *Poesía completa*, Editorial Tresmolins, 2018. En la
traducción del poema de Glyniadaki he seguido, en ciertas opciones léxicas,
esta versión del poema citado de Bachmann.

Και σκέφτομαι
πως βάζω τα χέρια μου κάτω από το πουκάμισό
σου, γύρω από τη μέση σου, σε φιλώ
σε φιλώ, κι έξω το Λίβερπουλ χορεύει
στους ρυθμούς των παλιών υπερωκεανίων
τόσοι άνθρωποι στριμωγμένοι στ' αμπάρια
τόσες καρδιές ταραγμένες, νευρικές
κι η δικιά σου απ' το παράθυρο του ξενοδοχείου
που βλέπει στις αποβάθρες
τις αντηχεί 110 χρόνια μετά
σ' ακούω τις ακούω σας ακούω όλους μαζί
καρδιές συντονισμένες, καρδιές διεγερμένες
για κάτι νέο, μια νέα ήπειρο, μια νέα ζωή
νέο σώμα, νέο δέρμα, ένα νέο φιλί
μια αρχή κι ένα τέλος, μια αρχή
ένα φως, ένας διάπλους δύσκολος
μα λυτρωτικός, μια νέα ζωή
γιατί εγώ είμαι ο γκρεμιστής γιατί εγώ είμ' ο χτίστης
κι έξω η πόλη βρυχάται και πάλλεται στην άκρη
του παλιού κόσμου, μητέρες γυναίκες παιδιά
άνδρες μόνοι μαζί γέροι γριές απεκδύονται πάνω στα
[κύματα
τον κόσμο τον παλιό και φτάνουν
λαμπεροί και ταλαιπωρημένοι, με καρδιές
[απαστράπτουσες,
στο νέο, με καρδιά απαστράπτουσα χαμογελάς
μπροστά στο τζάμι που βλέπει
στο λιμάνι και ξέρω ότι για σένα
ξεκίνησαν όλα απ' την αρχή. Ζήτω η ζωή!

Y pienso
que meto las manos bajo tu camisa,
en torno a tu cintura, te beso
te beso, y fuera Liverpool baila
al ritmo de los viejos transatlánticos
tantas personas hacinadas en las bodegas
tantos corazones alterados, nerviosos
y el tuyo desde la ventana del hotel
con vistas a los andenes
los reverbera 110 años después
te oigo los oigo os oigo a todos a la vez
corazones acompasados, corazones enardecidos
por algo nuevo, un nuevo continente, una nueva vida
nuevo cuerpo, nueva piel, un beso nuevo
un principio y un final, un principio
una luz, una travesía difícil
pero redentora, una nueva vida
porque yo soy el destructor y porque soy yo el creador[2]
y fuera la ciudad ruge y palpita en el confín
del viejo mundo, madres mujeres niños
hombres solos juntos viejos viejas se despojan sobre las
[olas
del viejo mundo y llegan
brillantes y maltrechos, con corazones relucientes,
al nuevo, con el corazón reluciente sonríes
ante el cristal que da
al puerto y sé que para ti
ha vuelto todo a empezar. ¡Viva la vida!

---

2   Primer verso del poema «Ο γκρεμιστής» [El destructor] (1907) del poeta y dramaturgo griego Costís Palamás [Κωστής Παλαμάς] (1859-1943).

Ζήτω τα λιμάνια! Ζήτω τα πλοία. Ζήτω τα βρεγμένα
βαριά και άεργα σχοινιά. Και πάνω απ' όλα
ζήτω τα σύνορα που καταλύονται
και καταργούνται κι εξυδατώνονται
μες στους ωκεανούς.

¡Vivan los puertos! Vivan los barcos. Vivan las amarras
mojadas pesadas e inertes. Y sobre todo
vivan las fronteras abolidas
borradas y disueltas
en los océanos.

María
Lainá
Μαρία
Λαϊνά

Patras (1947) - Atenas (2023)

Poeta, dramaturga, traductora.
En 2022 recibió el Premio Nacional de
las Letras por el conjunto de su obra
literaria.

Έζησα με αναίδεια

Έζησα με αναίδεια
και μοναξιά.
Μιλάω στο πρώτο πρόσωπο.

Έζησα με παράξενες σκέψεις
σκοτεινές παρορμήσεις
και όνειρα·
σε μερικά έβγαινα σε λιμάνια
σ' άλλα πνιγόμουνα
λίγο πριν απ' την όχθη
κατάπινα το αλμυρό νερό.

Ολόκληρη έζησα.

He vivido con insolencia

He vivido con insolencia
y soledad.
Hablo en primera persona.

He vivido con ideas extrañas
impulsos oscuros
y sueños;
en unos salía a puerto
en otros me ahogaba
poco antes de la orilla
tragaba el agua salada.

He vivido entera.

P/13
Paola Revenioti / Πάολα Ρεβενιώτη
«Ομόνοια» / «Plaza de Omonia», del poemario *Σαλτάρισμα*
[Arrebato], Sigareta, 1985, 20.

P/17
Marios Chatziprokopiou / Μάριος Χατζηπροκοπίου
«Της Αντρονίκης και της Αντριανής»
/ «Canción de Androniki y Andrianí», del poemario *Τοπικοί
Τροπικοί* [Trópicos locales], Antipodes, 2019, 66.

P/21
Glikeria Basdeki / Γλυκερία Μπασδέκη
«Η Θεόδωρος Κολοκοτρώνης» / «La Ceódoros
Colocotronis», y «Ασκούμενες κομμώτριες στη Λέσβο» / «Aprendizas
de peluquería en Lesbos», del poemario *Η Θεόδωρος Κολοκοτρώνης*
[La Ceódoros Colocotronis], Atenas, Bibliothèque, 2016, 11 y 37.

P/25
Nikolas Koutsodontis / Νικόλας Κουτσοδόντης
«Νησιώτικη ηθική» / «Moral isleña», del poemario *Μόνο
κανέναν μη μου φέρεις σπίτι* [Pero no me traigas a
ninguno a casa], Thraca, 2021, 13.

P/29
Vasilis Amanatidis / Βασίλης Αμανατίδης
«Το έργο αυτό: φράσεις μιας μητέρας χώρας / είπε» / «Esta obra:
frases de una matria / dijo», del poemario *μ_otherpoem: μόνο
λόγος* [m_otherpoem: mono logos], Nefeli, 2014, 29.

P/35
George Le Nonce
«Τρόμος» / «Temor», del poemario *Νεκρή Φύση* [Naturaleza
muerta], Bibliotèque, 2016, 188.

P/41

Electra Lazar / Ηλέκτρα Λαζάρ

«Εδώ δεν είναι πάρτι παρασόλ» / «Esto no son sombrillas de
colores», recogido en *Ανθολογία ελληνικής κουήρ ποίησης*
[Antología de poesía griega queer], Thraca y Rosa Luxemburg,
2023, 59.

P/47

Miranda Terzopoulou / Μιράντα Τερζοπούλου

«Με το κορμάκι σου γίνεται όπως με τα βιβλία.» / *«Con tu
cuerpo pasa como con los libros.»*, del poemario *Ομοερωτικά,
σαν τα άλλα ερωτικά* [Homoeróticas, como las demás
eróticas], Mov Skiouros, 2024. [Primera edición en la editorial
Gavrielidis, 2016.]

P/51

Evá Papadakis / Ευά Παπαδάκης

///υστερόγραφο δύο/// ///posdata dos///, ///καθρεφτάκι/// /// espejito///
y ///trans/// ///trans/// del poemario μερακλίνα / κουκιμπιμπέρισσα /
ομπλαντί [gallarda / desgraciadita / obladí], Stigmos, 2021, 39, 41 y 86.

P/55

Krystalli Glyniadaki /Κρυστάλλη Γλυνιαδάκη

«III. Η αγάπη έχει έναν θρίαμβο...» / *«III. El amor tiene un
triunfo...»*, del poemario *Ημέρες καλοσύνης* [Días de bondad],
Polis, 2023, 89-90.

P/63

María Lainá / Μαρία Λαϊνά

«Έζησα με αναίδεια» / «He vivido con insolencia», del
poemario *Ό,τι έγινε. Άνθρωποι και φαντάσματα* [Lo que
pasó. Personas y fantasmas], Patakis, 2020, 34.

**POESÍA QUEER TRADUCIDA
GRIEGO**

© **LETRAVERSAL**
2025

Colección: Letra de molde, 2
Primera edición: febrero 2025

©2025, de los poemas,
Paola Revenioti, Marios Chatziprokopiou, Glikeria Basdeki, Nikolas
Koutsodontis, Vasilis Amanatidis, George Le Nonce, Electra Lazar,
Miranda Terzopoulou, Evá Papadakis,
Krystalli Glyniadaki, María Lainá
©2025, de la selección y traducción, María López Villalba
Ilustraciones, Dear Quentin.
Edición: Ángelo Néstore
Diseño: Martín de Arriba
Ayuda a la edición: Noa González Sirgado

ISBN: 978-84-128275-4-5
THEMA: DC DCQ
Depósito legal: MA 3041-2024

Impreso en España por Safekat · Printed in Spain
Bajo el cuidado de Rubén González Domínguez
Todos los derechos reservados. La reproducción total o parcial de
la obra, por cualquier medio, deberá tener el permiso previo por
escrito de la editorial. Diríjase a CEDRO si necesita escanear o
fotocopiar algún fragmento de esta obra.

LETRAVERSAL
www.letraversal.com

Este libro se ha publicado con el apoyo del Instituto Universitario
de Investigación de Género e Igualdad de la Universidad de Málaga
(IGIUMA)